Job

Fran Peña Mayor

Job

Primera edición: 2024

ISBN: 9788410334182
ISBN eBook: 9788410334649

© del texto:
   Fran Peña Mayor

© del diseño de esta edición:
   Caligrama, 2024
   www.caligramaeditorial.com
   info@caligramaeditorial.com

Impreso en España – Printed in Spain

«Bienaventurados los pobres en espíritu, porque de ellos es el
reino de los cielos».

Mateo 5, 3-11

Escolio

Hay hombres
que solo valen para demostrar
lo cobarde que eres
a la mujer que amas.

¿Era Jesucristo un loco?

Podría haberlo sido pero yo,
que estoy diagnosticado y me he leído
los evangelios, no lo reconozco.
Era más bien un rebelde
en tiempo de los romanos.

Había una élite judía sumisa
que se sometía al régimen,
y había una mayoría de la población
empobrecida y esclavizada.

Jesús no solo se muestra superior
a esos fariseos, sacerdotes y escribas.
Sino que, en su humildad,
reta al mismo Imperio romano
caracterizado por Poncio Pilatos,
lo que lo lleva a la cruz.

Sobre los temas profundos no hay documentos, sino testimonios

Dios es todo aquello que desconocemos,
y hasta el día que no se resuelvan
todas las preguntas que, por ahora,
la ciencia ha sido incapaz de responder,
existirá Dios.

Porque en el desconocimiento
debemos aferrarnos a algo,
de lo contrario estamos condenados
a la infelicidad.

Solo con la aceptación de la existencia
de Dios aceptamos nuestras dudas,
y al igual que el hombre se ha hecho
dueño del mundo,
quizá algún día lo sea del universo.

La soberbia

De entre los pecados capitales
el más nocivo es la soberbia
porque con él van reñidos otros,
como la venganza,
la alegría del mal ajeno,
la falta de perdón,
los aires de superioridad,
la carencia de humildad,
la indiferencia ante el que sufre,
la falta de compasión y de misericordia,
la creencia de autosuficiencia...

Inspiración

Tras muchos meses
y muchos intentos,
he logrado hacer chispa
con el pedernal.

Empieza a salir humo
de las ramas secas amontonadas,
aunque por el momento
no se vislumbra llama.

Estoy soplando vivamente
a ver si se hace fuego,
y se convierte en hoguera
que dará calor a los hombres.

El desagradecido

Te acordaste de Dios cuando
fuiste pobre, cuando fuiste desdichado.
Él te acompañó en los malos momentos,
Él fue el único que te dio
cobijo y esperanza.
Entonces te fortaleciste, te recuperaste,
te levantaste, empezaste a andar
de nuevo, cogiste autonomía,
empezaste a ganar dinero
y adquiriste posesiones,
te empoderaste
y, después de todo,
te olvidaste de Él.

¡Buenos días!

Los buenos días se dan
con ese café que le has preparado
a la persona que amas
antes de que haya despertado.

Los buenos días se dan
con esa camisa planchada
para que pueda salir a la calle
limpio y pulcro como el cielo.

Los buenos días se dan
con esa ansiosa espera,
para verle los ojitos
todavía llenos de legañas.

Eclesiastés

Agradecido te estoy, Dios,
porque me das lo justo
para que no me olvide de ti,
y porque tampoco me dejas sin nada
por lo que tenga que delinquir.

Anna Karénina

Siento un palpitar en mi corazón,
un sentimiento de amor generalizado.
Entre estos lapsos de dolor
veo una luz al final del túnel.

Es difícil escoger el camino correcto
cuando eres tentado por los placeres.
¿Merecerá la pena este sacrificio
o es en vano todo este trabajo?

Temo tanto la muerte de algún ser querido
que desearía irme antes que nadie,
no soportaría sufrir una ausencia
y sentirme culpable por ello.

Derrumbe

Por mucho que quieras hacer por una
persona, si el afectado no muestra interés,
el esfuerzo cae en balde.

O te desfondas como un caballo
sobrecargado o lo acabas traicionando
por desidia.

Es imposible remar
contra una fuerte corriente
que baja rauda por el río,

si tan solo boga el de babor,
mientras que el de estribor
se toca el ombligo.

Constancia

Un pie
y luego delante otro
y luego, de nuevo, otro.

Un paso, otro paso,
centímetro a centímetro,
metro a metro.

Un paso
y luego otro y luego otro,
sin detenerte.

Con un constante
aunque pequeño paso,
también se hace camino.

Del victimismo

Todo en este mundo lo aguanto,
todo, todo
excepto que te pongas a llorar,
con eso no puedo.

Te doy mi cartera, mi faca, mi ropa,
pero no me derrames una lágrima,
que yo a ese juego
no juego.

Huiría del sitio al instante,
me alejaría tan rápido
como un cohete propulsado
por energía atómica.

Epístola a los romanos

¿Qué significa ser cristiano?
Creer que Jesús es el hijo de Dios,
y que vino al mundo para redimir nuestros
pecados y darnos vida eterna.

Así como Adán mediante el pecado
nos condenó a todos a muerte,
así Jesucristo nos perdona
y nos da la vida eterna.

Porque la salvación está en la fe
y no en la ley, porque los ritos vacuos
y la grandeza no valen para nada,
si no creemos, si no amamos.

Prioridades

Seguir el ritmo de la vida no es fácil,
las tentaciones te invitan
a salirte del camino constantemente
y a lamentarte como un niño chico.

Es tarea casi imposible
seguir el sendero recto
cuando tienes la opción
de llorarle a alguien.

El converso es aquel
que deja de lado ese refugio seguro
para buscar, con sus actos,
la redención de su alma.

Revisión del
Padre Nuestro

Las ofensas, nosotros somos
los que las sufrimos,
pero no estamos en condiciones
ni de juzgarlas ni de perdonarlas.
Porque no dependen de nosotros,
se nos escapan de las manos,
de nuestra autoría,
de nuestra voluntad,
no tenemos ese poder.
Simplemente las padecemos,
las sufrimos y la llevamos a cuestas,
como Jesús llevó su cruz.

Sin embargo, las deudas espirituales
o económicas sí debemos perdonarlas,
siempre y cuando haya un arrepentimiento.

Precavido

Si no tienes un fin,
lo haces simplemente por placer
y aunque tienes que
comerte y beberte los frutos
de tu trabajo,
también tienes que estar alerta y
preparado para lo que pueda ocurrir.

El desenfreno no es la manera
de desentumecer el cuerpo.
Lo es la razón y la meditación
de actuar pensando en una
posible escasez futura.

A mi madre

Me acuerdo de ti a cada instante,
llegue o salga de mi casa,
en la calle o en el parque.

Siempre tengo ganas de hablar contigo,
pero me reprimo por considerar
que es un abuso.

Eres mi paladín, mi corazón, mi estandarte,
mi nexo con la vida
y mi esperanza.

Me hiciste olvidar todos los desengaños
que me he llevado
por primo y confiado.

Justificación de un poema malo

Hay páginas mediocres
que no dicen nada,
pero que no pueden ser omitidas
porque son como una interjección,
como un nexo de unión
entre dos ideas exuberantes.

Un puente sobre un río
que une verdes praderas.
Un acueducto que salva una depresión.
Un camino pedregoso
entre el aparcamiento y la playa.
La sala de espera
del funcionario de turno.

El origen

Al principio en Gran Canaria
el sistema político que había,
todavía, era una aristocracia,
donde unos pocos terratenientes
con títulos nobiliarios
poseían grandes latifundios.

Después, con la construcción
del puerto de la Luz a finales del siglo XIX,
la veda se abrió y una cuadrilla
de avispados y trabajadores señores
empezaron a arrendar esas tierras
para trabajarlas, y para abastecer
al mercado europeo de fruta y hortaliza.

¿Qué es Iglesia?

El concepto de «Iglesia» para mí sería:
el conjunto de personas
necesarias para entender,
interpretar y salvaguardar
los textos sagrados.

La Biblia es un libro histórico
que está escrito por muchos autores
y con diferentes géneros,
tanto de leyes como de aventuras de
sentimientos de fe de supervivencia...

Carta de san Pablo a los corintios

Los hay que sirven para hablar idiomas
y, así, facilitar la comunicación.
Los hay que valen
para escribir y documentar
las enseñanzas de Jesús.
Los hay que tienen el don de la palabra
y son grandes predicadores.
Los hay con una fuerza física
y determinación como para realizar
grades viajes misioneros.
Lo que importa es la comunidad.

Siempre hay alguien antes que yo

Existe una pirámide imaginaria.
En la cima se encuentra
quien nos da más miedo
y en la base, la persona
a la que incluso despreciamos.

Lo que no sabemos es que
en el espacio-tiempo del cosmos
hay un agujero de gusano
por el cual la punta de la pirámide
y la base están estrechamente ligados,
y yo, ante este galimatías,
me retiro.

La esperanza es lo último que se pierde

A veces no obtienes los resultados que
esperas, pero como dijo Churchill:
«El éxito consiste en ir de fracaso en fracaso
sin perder el entusiasmo».

Y aquí me hallo de nuevo
dándole a la tecla,
esperando una aprobación que sé de
antemano que nunca tendré.

«Si no quieres oír la verdad mejor no
preguntes» reza el dicho, pero yo,
que soy masoquista, sigo dándome
contra el mismo muro.

¿Fue Jesús simplemente un hombre más?

Porque si Jesucristo efectivamente
fue simplemente un hombre más.
¿Por qué engañar si supondría su muerte?
¿Qué razones tendría para hacerlo?
¿Qué motivos le llevarían a ello?

No cabe duda de que, directa o
indirectamente, detrás está la mano
de Dios y que, directa o indirectamente,
la fuerza de Dios está presente.

Es la propia demostración
de que Dios existe.

La queja

A mí, que no tengo coche
ni carnet de conducir,
me es una pesadilla
no caerle en gracia
al repartidor de aguas Arena.

Pues tiene que venir mi madre
desde Las Palmas a Salinetas
con el coche
a llevarme al supermercado
para comprarme, aproximadamente,
los cuarenta y cinco litros de agua
que gasto en una semana.

Se traspasa negocio

Cuando pasa a ser más importante
el vicio que el trabajo,
cuando el vicio se hace protagonista
de tu vida y dictamina
tus compañías y amistades.

Cuando no puedes elegir libremente
porque estás tan apegado
a esa sustancia
que se tambalea tu realidad
y empiezas a incumplir los plazos.

Crítica constructiva

A la sociedad moderna,
si pudiera, le gustaría
borrar del mapa la Biblia.

Por eso agradezco a los salvaguardas
de tales textos, como
los testigos de Jehová, los evangelistas
o los ortodoxos, su defensa a ultranza.

En la religión católica que me ha tocado
vivir en España, no he encontrado
traducciones de la Biblia
que me hicieran creer, que me dieran
esperanza y razones para vivir.

La persecución

Ansioso como un podenco
corriendo detrás de un conejo
azuzado por el cazador.
En la inmediaciones
de la Caldera de los Marteles.
Muerto de hambre porque
no me dan de comer desde hace días
y con ganas de demostrar
que mi zancada es la más poderosa.

El conejo hace un requiebro y me evita,
mi amo le corta el paso por la retaguardia
y se me pone de frente,
le doy una dentellada en el lomo
y nos revolcamos entre el follaje.

Yo no le debo
nada a nadie

Si por pertenecer a un país
tengo que tener la sensación
de que le debo algo a alguien,
prefiero, o que ese alguien
no esté en el país,
o yo no estar en el país.

A mi hijo

Por mucha fusta que le des a mi cabeza,
esta no es capaz de avanzar
sin un gesto de cariño.

Ves el resultado,
pero no ves el esfuerzo que hay detrás.
¡Es muy fácil juzgar!

Te presto mis zapatos, peregrino,
para que andes por la senda de la locura
sin pestañear.

Intenta sacar lo positivo
en vez de reprocharme faltas y carencias,
debido a mi personalidad.

No solo de pan vive el hombre

Escribir y expresarme es una necesidad,
mis tardes pasan entre jugar al ajedrez,
leer y sacar mis escolios.

A veces salen bien y a veces mal,
depende de mi estado de ánimo
y dc mi bipolaridad.

¿Me engaño?, ¿engaño?,
¿qué espero de la vida?, ¿acaso estoy
haciendo tiempo?, ¿tiempo para qué?

Me defino como un misántropo pero feliz,
porque veo la muerte como una liberación,
pero tampoco me importa tanto.

Libro de Job

Después de haberle arrebatado
todo lo terrenal,
tanto casa como posesiones
hijos, esposa, amigos...

Satanás, para corromper
la fe de Job en Dios,
lo contagió con una enfermedad terminal.

Pero este no cedió y en su agonía
se le apareció Dios,
y lo consoló, lo iluminó,
le mostró el camino.

El olvido

En mis delirios sueño que apareces
y que regulas mis horarios,
y me quitas esta flojera que tengo.

En mis delirios,
sueño que suena el timbre del megáfono
y que eres tú.

Pero yo sé que esto nunca sucederá
porque no te nace
y yo, ante eso, no puedo hacer nada.

Yo te amo, pero no es recíproco
ni correspondido. Me conformaré
simplemente con tu recuerdo.

A todos se nos reparten cartas

Te gusta viajar, ¿verdad?,
¿cómo llegas desde las islas a la península?
En avión, supongo.

¿Cómo vas del trabajo a tu casa
desde el otro lado de la isla?
Seguramente en coche.

¿Cómo te pides la comida a domicilio
el viernes por la noche? Con una aplicación
instalada en tu teléfono móvil.

Pues siento decirte que si esperas de mí
ciertos comportamientos,
la medicación también es tecnología.

Salinetas

A la chica de la cafetería
le he regalado un libro,
y en la dedicatoria
le he dicho que la amaba,
y no sé si es porque no le ha gustado
el libro o la dedicatoria,
pero ahora está en guardia.

Por una cosa o por otra
me tomo el café aguado de mi casa
viendo a los negritos, del centro de acogida,
haciendo deporte en la playa
a través de mi ventana.

El converso

Quería llenarte los oídos
con ideas grandes y fantasiosas,
y me he quedado a medio camino
entre el ridículo y el espanto.

El amor me ha hecho perder
toda vergüenza, y seguir avanzando
pese a todo, pues lo único
que me importa eres tú.

Caminé con soberbia por las calles,
con mirada intransigente y de superioridad
por mi situación de burgués privilegiado,
pero la vida me puso en mi lugar.

Decretos y leyes
de Moisés

En la Antigüedad
la fe se basaba en el temor a Jehová.
El cumplimiento de las leyes y decretos
revelados al pueblo por Moisés
debían cumplirse
para que Dios no se desentendiera de ellos.

Porque el olvido de Dios
suponía el desamparo total,
quedar a merced de los enemigos
con pérdida de poder y libertad.

¿Ha muerto Dios?

Afirman algunas religiones que adorar,
tanto a las imágenes sagradas
como a la de los santos, es idolatría.

¿Pero cómo nombramos o definimos
el culto a las grandes marcas comerciales
que rinde nuestra sociedad actual?

Me estoy refiriendo a marcas como la
Coca-Cola, McDonald's, Mercedes-Benz,
BMW, Apple, Armani, Nike, etc.

¿Acaso no son representaciones de dioses
paganos que pretenden hacernos olvidar
la esencia primigenia?

Lucha diaria

Si lo que quieres
es que yo pierda los nervios
y te insulte,
porque quieres demostrar
mi supuesto racismo,
te recuerdo
que yo también soy africano.

O sea, quítate de la cabeza
que vas a comer gratis
por esa razón,
e intenta integrarte
de la mejor manera posible
en nuestro país.

Oración

Te ruego
que no me dejes caer en el olvido
porque mis enemigos
me descuartizarían.

Así como yo he actuado
bajo tus preceptos,
te ruego protección y misericordia
a mi persona.

Eres la luz, el hijo del hombre,
camino de esperanza,
salvación de los pobres
y los afligidos.

La verdad duele

Si buscas aprobación,
saldrás reprobado,
porque pretendes escuchar
respuestas consoladoras
a tus lamentos,
y esto solo sucede
con aduladores
que pretenden tu dinero.
Si en el fondo
de tu corazón sabes
que no tienes razón,
acéptalo.

¿Te vengaste?

Me la colaron con vaselina,
el miembro entró entre mis posaderas
como el viento sobre las ramas.

Me contaron un chisme
de tan mal gusto
que me puso a prueba.

¡Qué me importa a mí
la vida de los demás
si bastante tengo con la mía!

No hay trato, caballero,
la mercancía se paga al instante
con dinero contante y sonante.

La cruz

Una injusticia,
como el abuso de poder,
no se puede justificar.

El ejercicio de la fuerza
solo estará justificado
si es en defensa propia.

La venganza queda fuera de nuestros
dominios, porque nosotros
no tenemos derecho a juzgar.

Nosotros lo padeceremos,
lo cargaremos sobre nuestros hombros,
pero también lo condenaremos al olvido.

La llegada
de la muerte

Cuando te está persiguiendo
una jauría de perros,
no te puedes echar a dormir.
Tienes que correr lo más rápido posible
para intentar alcanzar el tupido bosque
donde quizá te pierdan el rastro.

Anticípate,
estate en guardia y alerta,
aprovecha el tiempo,
aunque nadie te vea,
nunca sabrás con certeza
cuándo aparecerá el Señor de la casa.

Escolio

Nunca me ha gustado
que me lavaran la cara
y que me dejaran con la palabra
en la boca.

Que me hicieran sentir culpable
sin darme la posibilidad
de explicarme
y de defender mi postura.

Es por eso que, en tales casos,
busco la manera adecuada
de acabar la conversación
y de zanjar la disputa.

Me identifico con los personajes

Ciertamente
El guardián entre el centeno y *El idiota*
tienen el mismo trasfondo.

Los personajes en ambas, según mi punto
de vista, tienen la misma personalidad
y el desenlace es el mismo.

No cabe duda de que son épocas y
contextos diferentes, y esto hace que las
dos novelas sean completamente
diferentes tanto en estilo, profundidad,
ideas, etc.

La resurrección de Jesús y el cristianismo

Es tan indudable
la resurrección de Jesús
como lo es el propio cristianismo.

¿Podría existir el cristianismo
sin la resurrección de Jesús?
Esto es imposible,
porque ha sido la fuerza necesaria
para la continuación de su ministerio
a lo largo de todos estos años.

Si existe el cristianismo
es porque existe la resurrección.

Moisés y Aarón

Cuando hicieron papa a Benedicto XVI
y salía por la televisión,
me parecía como una caricatura,
un hombre sin carisma alguno.

Después tuve la suerte de que cayera
en mis manos su libro *Jesús de Nazaret*
y lo elevé a la categoría de profeta
por su sencillez, conocimiento, etc.

Así podría considerarme yo,
pero a un nivel celular,
donde en sociedad soy una calamidad,
pero con la pluma me libero.

La autoría del Pentateuco se le atribuye a Moisés

Moisés, al que Jehová revelaba
lo que iba a hacer para liberar a su pueblo
de manos de los egipcios,
no poseía el don de la palabra.

Es por eso que Aarón, tras previa
explicación de su hermano Moisés,
era el que negociaba con faraón
las condiciones del pacto.

Entre Moisés y Aarón lograron
engañar a faraón para emprender la huida,
de los descendientes de Jacob,
a tierra prometida.

Rayco

Debido a mi desencuentro
con el repartidor de aguas a domicilio,
me he tenido que ver abocado
a ir frecuentemente al supermercado.

En este frenesí,
he aprovechado y me he comprado
todo tipo de comestibles
tanto de género dulce como salado.

Me he agobiado mucho, al darme cuenta
de todo lo que tengo atesorado,
porque es como si me lo tuviera
que comer todo *ipso facto*.

La supresión de la libertad

África se ha convertido
en un inmenso zoológico,
donde se puede contratar un safari
a precio de costo.

Puedes disfrutar de la vida salvaje
y ver a leones cazando jirafas,
y a leopardos trepando árboles
tan altos como montañas.

Es todo un negocio en expansión,
pero en realidad:
¿sabemos las consecuencias
de esta invasión de su hábitat natural?

Si no lo intentas, has fracasado de antemano

Siento miedo
de no cumplir con las expectativas
de otras personas,
especialmente si son hombres.

Me da miedo que se enamoren de mí,
porque quiero mantener en secreto
lo mala que soy guisando
y entregándome al amor.

Es por eso que ni siquiera me doy
una oportunidad, un intento.
Sé que de esta forma jamás voy a saber
de lo que podría ser capaz.

El heredero

El que espere una palmadita en el hombro
por realizar una tarea que le corresponde
se va a amargar esperando,
pues todos tenemos deberes
y responsabilidades,
más allá de leyes escritas
en documentos oficiales.

No puedes demandar lástima
por realizar labores intrínsecas a ti,
ya que todos y cada uno de nosotros
tenemos que luchar por lo nuestro.

Eclesiastés

Debes comerte y beberte
el fruto de tu trabajo,
porque trabajar tan solo
por el hecho de atesorar una fortuna
y dejarla en herencia
es vanidad.

¡Ella se lo pierde!

Este anciano calé
atolondrado de recibir tantos golpes,
de flor marchita y fruto seco
que se da continuamente
cabezazos contra los muebles
y los nudillos los tiene rojos
de agredirse, como un loco.

Ha comprendido,
gracias a una buena maestra,
que cualquier agujero no aguanta
la presión de su manguera.

Remordimiento
de conciencia

Cuando dentro de cien millones de años
una hormiga hija le pregunte a su padre
cómo es posible
que el mundo esté hecho
a su medida,
y también, la suerte que han tenido.

Ese padre esbozará una sonrisa,
porque sabe la cantidad
de sus ancestros
que murieron aplastados
bajo el dedo demoledor
de Fran Peña Mayor.

Consejo

Con la vista
siempre puesta en el horizonte,
pero fijándote pequeñas metas.

Divide el largo camino
en pequeñas y accesibles etapas
para hacerlo más llevadero.

Conócete a ti mismo
para que negocies en consecuencia
entre tus carencias y tus aptitudes.

No te compares con los demás,
pues te paralizará el miedo
y la vergüenza.

Dios

Si te cobran,
no es un consejo,
es una consulta,
entonces asegúrate previamente
de que tienes y quieres
pagar lo que te piden.
En este mundo de intereses
nada es gratis.

Si te faltaran los recursos adecuados,
tanto económicos
como espirituales,
no dudes en acudir a la Biblia
porque no te dejará desamparado.

Te moment at fear

Si entras a trabajar a las nueve
de la mañana, tienes que condicionar
las horas previas en consecuencia.

Crear el hábito de que a esa hora,
pase lo que pase, esperan por ti
en el despacho o en la oficina.

A nadie le gusta trabajar,
y yo te aseguro que ni a los propios chinos
les gusta pelearse con la clientela.

Sabes que a esa hora tienes que recoger
las papas, o abrir la persiana, o encender el
ordenador, o escribir en una pizarra.

Cristianos

Mi Biblia es evangelista.
Mi esperanza, ortodoxa.
Mi religión, católica.
Mi cultura es anglicana.
Mis tertulias son con los testigos de Jehová.
Mis sobrinos son protestantes.

Índice